PRIMARY SOURCES OF
FAMOUS PEOPLE IN AMERICAN HISTORY™

WYATT EARP

LAWMAN OF THE AMERICAN WEST
SHERIFF DEL LEJANO OESTE

MAGDALENA ALAGNA

TRADUCCIÓN AL ESPAÑOL:
TOMÁS GONZÁLEZ

rosen central
Primary Source™
Editorial Buenas Letras™
The Rosen Publishing Group, Inc., New York

Published in 2004 by The Rosen Publishing Group, Inc.
29 East 21st Street, New York, NY 10010

First Bilingual Edition 2004
First English Edition 2004

Cataloging Data

Alagna, Magdalena.
[Wyatt Earp. Bilingual]
Wyatt Earp: Sheriff del Lejano Oeste / by Magdalena Alagna.
   v. cm. — (Primary sources of famous people in American history)
Includes bibliographical references and index.
Contents: The early years—Indian territory—Cowboys and ranchers—The O.K. Corral —The last years.
ISBN 0-8239-4171-X (lib. bdg.)
1. Earp, Wyatt, 1848-1929—Juvenile literature. 2. Peace officers—Southwest, New—Biography—Juvenile literature. 3. United States marshals—Southwest, New—Biography—Juvenile literature. 4. Tombstone (Ariz.)—History—Juvenile literature. 5. Southwest, New—Biography—Juvenile literature. [1. Earp, Wyatt, 1848-1929. 2. Peace officers. 3. Spanish language materials—Bilingual.]
I. Title. II. Series: Primary sources of famous people in American history. Bilingual.
F786.E18A4 2003
978'.02'092—dc21

Manufactured in the United States of America

Photo credits: cover, pp. 5, 15, 27 courtesy Arizona Historical Society/Tucson; p. 7 Library of Congress Geography and Map Division; p. 9 Library of Congress Prints and Photographs Division; p.11 Kansas State Historical Society; p. 11 (inset) Western History Collections, University of Oklahoma Libraries; p. 13 © John Van Hasselt/ Corbis Sygma; p. 17 Denver Public Library, Western History Collection, Joseph Collier, C-107; p. 19 Hassel © collection of the New-York Historical Society NYHS# 40747; p. 21 Culver Pictures; p. 23 © Bowers Museum of Cultural Art/Corbis; p. 25 Camilius S. Fly, © collection of the New-York Historical Society NYHS# 40746; p. 29 courtesy of Stephen and Marge Elliot, Tombstone Western Heritage Museum.

Designer: Thomas Forget; Photo Researcher: Rebecca Anguin-Cohen

CONTENTS

CONTENIDO

1 EARLY YEARS

Wyatt Earp was born on March 19, 1848. In 1864, the Earp family led a wagon train to California. Wyatt was sixteen years old. They traveled on the Oregon Trail. Wyatt worked on a farm and also in a restaurant as a waiter. Wyatt grew to be about six feet tall. That was tall for those days.

---

1 PRIMEROS AÑOS

Wyatt Earp nació el 19 de marzo de 1848. En 1864, la familia Earp dirigió una caravana de carretas hasta California. Wyatt tenía dieciséis años de edad. La caravana viajó por la llamada Ruta de Oregón. Wyatt trabajó en una granja y como mesero en un restaurante. Medía casi seis pies (1.82 metros). En aquellos días, una persona de esa estatura se consideraba muy alta.

Wyatt Earp was one of the tamers of the Wild
West. Wyatt wanted to keep towns safe for
everyone.
Wyatt Earp impuso la ley y el orden en el Lejano
Oeste. Wyatt quería que en los pueblos la gente
estuviera segura.

Wyatt Earp married Rilla Sutherland on January 24, 1870. He became the constable in Lamar, Missouri. Rilla died of an illness, and Wyatt left Lamar. He went to Arkansas and then to Indian Territory. Today this land is in Oklahoma. Wyatt met Bat Masterson in 1871 in Indian Territory. The two men would be good friends for the rest of their lives.

Wyatt Earp se casó con Rilla Sutherland el 24 de enero de 1870. Más tarde fue nombrado alguacil de Lamar, Misuri, pero Rilla murió de una enfermedad y Wyatt se marchó de Lamar. Viajó a Arkansas y luego al territorio indio, en lo que hoy es Oklahoma. Ahí, Wyatt conoció a Bat Masterson en 1871. Los dos serían buenos amigos toda la vida.

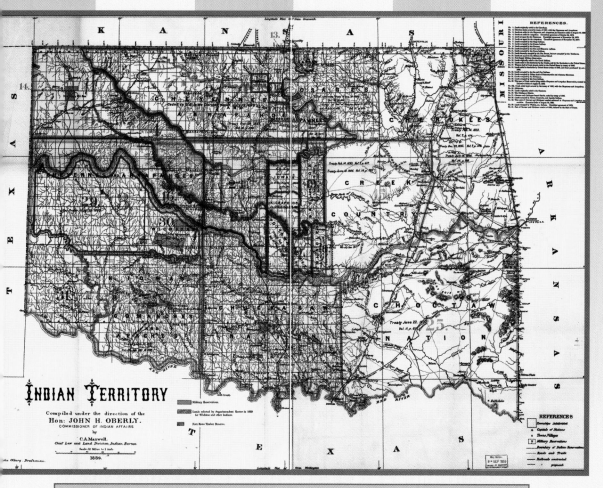

Wyatt moved from Lamar, Missouri, after his wife died. He decided to try his skills in Indian Territory.

Wyatt se marchó de Lamar, Misuri, después de la muerte de su esposa. Decidió poner a prueba sus capacidades en el territorios de los indios.

2 INDIAN TERRITORY

There were many kinds of people in Indian Territory. There were many native peoples and cowboys. Cowboys were the men who drove cattle through the small towns called cattle towns. These towns were wild places. Wyatt Earp became a lawman called a peace officer. He helped to keep such towns safe for those who lived there.

---

2 TERRITORIO INDIO

En el territorio de los indios vivían distintas clases de personas. Había muchos indios y también vaqueros. Los vaqueros eran personas que conducían el ganado por las poblaciones llamadas "pueblos ganaderos". Éstos eran sitios muy violentos. Wyatt Earp se convirtió en uno de los alguaciles conocidos como "oficiales de paz". Earp ayudó a que aquellos pueblos fueran lugares más seguros para sus habitantes.

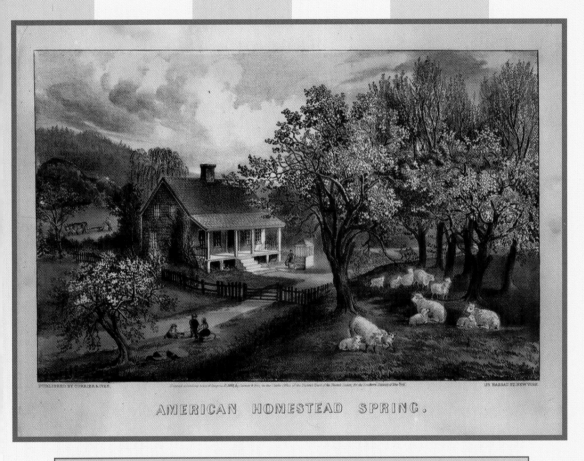

PUBLISHED BY CURRIER & IVES.

AMERICAN HOMESTEAD SPRING.

Homesteaders shared the land with Native Americans in the West. It was Wyatt's job to keep the peace.

En el Oeste, los colonos compartían las tierras con los indios. El trabajo de Wyatt era mantener la paz.

In 1876, he met John Henry "Doc" Holliday. Doc was a dentist. Doc also liked to gamble. He spent a lot of time playing cards. Doc Holliday had a lung illness called tuberculosis. In 1876, Wyatt became a deputy marshal in Dodge City, Kansas.

En 1876, conoció a John Henry "Doc" Holliday. A Doc, que era dentista, le gustaba el juego. Pasaba mucho tiempo jugando a las cartas. Doc Holliday tenía una enfermedad de los pulmones llamada tuberculosis. En 1876, Wyatt se hizo alguacil adjunto en Dodge City, Kansas.

Wyatt Earp lived in Dodge City, Kansas, for three years. Doc Holliday *(inset)* was Wyatt's friend.

Wyatt Earp vivió en Dodge City, Kansas, por tres años. Doc Holliday *(recuadro)* era amigo de Wyatt.

By 1879, the cattle towns had become poor. Most no longer wanted to pay peace officers. In the summer of 1879, Wyatt got a letter from his brother, Virgil. He told Wyatt to come to Tombstone, Arizona. Virgil was the deputy marshal there. Wyatt and his other brother, Morgan, moved to Tombstone. Doc Holliday and his girlfriend went, too.

———◆◆◆———

Para 1879, los pueblos ganaderos se habían empobrecido y la mayoría de ellos no quería pagar a los oficiales de paz. En el verano de 1879, Wyatt recibió una carta de su hermano Virgil aconsejándole que viajara a Tombstone, Arizona. Virgil era alguacil adjunto de aquel pueblo. Wyatt, su otro hermano, Morgan, Doc Holliday y su novia, se mudaron a Tombstone.

Tombstone, Arizona, was a small desert town.

Tombstone, Arizona, era un pequeño pueblo del desierto.

3 COWBOYS AND RANCHERS

Tombstone, Arizona, was a silver mining town. Wyatt Earp became deputy sheriff. His job was to keep the peace in town. At first there were not many fights in town. Then things changed for the cowboys. They began to lose their work on the ranches.

---

3 VAQUEROS Y RANCHEROS

Tombstone, Arizona era un pueblo con minas de plata. Wyatt Earp se hizo sheriff adjunto de la población. Su trabajo era mantener la paz en el pueblo. Al principio no se produjeron demasiadas peleas. Pero, conforme los vaqueros comenzaron a perder el trabajo en los ranchos, la situación comenzó a cambiar.

Cattle drives used many cowboys. Trains began to do this job in the 1870s, and cowboys started to lose their jobs.

Para conducir ganado se necesitaban muchos vaqueros. Para 1870 los trenes empezaron a transportar el ganado y los vaqueros comenzaron a perder sus trabajos.

COL. O. W. WHEELER'S HERD, EN ROUTE FOR KANSAS PACIFIC RAILWAY, IN 1867.

Ranchers now did many jobs the cowboys used to do. The cowboys had to find other ways to make money. Many stole cattle and sold them. Their leader was Curly Bill Brocius. Cowboys who stole cattle were called rustlers. The cowboys sold their stolen cattle to other ranchers.

Los mismos rancheros comenzaron a hacer muchos de los trabajos que antes hacían los vaqueros. Entonces los vaqueros se vieron obligados a buscar otras maneras de ganarse la vida. Muchos se dedicaron a robar ganado y a venderlo. El más famoso de los ladrones de ganado era Curly Bill Brocius. A los vaqueros que robaban ganado los llamaban cuatreros. Los vaqueros robaban en unos ranchos y vendían el ganado en otros.

Cattle rustlers stole cattle from large herds. It could take many days before a rancher discovered the missing animals.

Los cuatreros robaban ganado de los grandes rebaños. Podían pasar muchos días antes de que los rancheros descubrieran los animales perdidos.

Ranchers sold the cattle to the citizens of Tombstone. In 1880, someone stole six mules. Virgil, Morgan, and Wyatt went to the McLaury ranch. There they found good clues to prove that the McLaury family had the mules. The family said they would return the mules. They lied. The mules were not returned.

———◆●◆———

Los rancheros vendían el ganado a los habitantes de Tombstone. En 1880, alguien robó seis mulas. Virgil, Morgan y Wyatt fueron al rancho McLaury, donde encontraron pistas que probaban que la familia McLaury tenía las mulas. Los miembros de la familia dijeron que las devolverían. Pero mintieron. Las mulas nunca fueron devueltas.

Tom McLaury was a known cattle rustler in Tombstone. Earp had many run-ins with the McLaurys.

Tom McLaury era bien conocido como ladrón de ganado en Tombstone. Earp había tenido muchos altercados con su familia.

4 THE O.K. CORRAL

On October 26, 1881, things boiled over between the Earps, the cowboys, and the ranchers. Virgil ordered the cowboys to leave town. The cowboys went to get their horses at the O.K. Corral, but they did not leave. They stayed in town, waving their guns and making threats against the Earp brothers.

---◆◆◆---

4 EL *O.K. CORRAL*

El 26 de octubre de 1881, la situación se puso muy tensa entre los hermanos Earp, los vaqueros y los rancheros. Virgil ordenó a los vaqueros que se marcharan del pueblo. Éstos fueron por sus caballos al *O.K. Corral*, pero no se marcharon. Se quedaron en el pueblo exhibiendo sus pistolas y amenazando a los hermanos Earp.

This photo shows the entrance to the O.K. Corral. There is not a lot of space for a gunfight between nearly a dozen people.

En esta fotografía aparece la entrada al *O.K. Corral*. El espacio era muy pequeño para un tiroteo entre casi doce personas.

The cowboys' threats led to a shootout. Virgil, Wyatt, and Morgan Earp, along with Doc Holliday were on one side. The five cowboys from the McLaury and Clanton families, and Sheriff John Behan, were on the other side. Virgil told the cowboys to put down their guns. In a moment, everything became confused.

Las amenazas de los vaqueros llevaron a un tiroteo. Virgil, Wyatt, Morgan Earp y Doc Holliday formaban un bando. Los cinco vaqueros de las familias McLaury y Clanton, así como el sheriff John Behan, formaban el otro. Virgil ordenó a los vaqueros que soltaran las armas. De pronto todo se volvió muy confuso.

This drawing shows how the gunfight might have happened. The Earps stood outside the gate.

Dibujo que muestra la forma como pudo haber ocurrido el tiroteo. Los hermanos Earp se quedaron fuera de la puerta.

Wyatt fired his gun just as a shot rang out from the cowboy side. Suddenly everyone was shooting and shouting. Only Wyatt did not get shot during the gunfight.

Sheriff Behan wanted to arrest the Earps. They refused to go to jail. The story about the shootout ran in papers across the United States. The legend of the O.K. Corral was born.

Wyatt disparó su arma después que sonó un disparo proveniente del bando de los vaqueros. De repente todo el mundo disparaba y gritaba. Sólo Wyatt no salió herido en el tiroteo.

El sheriff Behan quería arrestar a los hermanos Earp, pero éstos rehusaron ir a la cárcel. La historia del tiroteo apareció en todos los periódicos de Estados Unidos. La leyenda del *O.K. Corral* había comenzado.

Joseph "Ike" Clanton escaped from the O.K. Corral. He swore revenge upon the Earps.

Joseph "Ike" Clanton escapó del *O.K. Corral*. Juró vengarse de los hermanos Earp.

5   AFTER THE GUNFIGHT

The fighting did not stop at the O.K. Corral. On December 28, 1881, Virgil was ambushed. He was hurt, but lived. Wyatt wanted Virgil to leave town. At the train station, there were men with shotguns waiting for Virgil. Another shootout took place. Some of the men with shotguns were killed. People blamed the Earps.

---

5   DESPUÉS DEL TIROTEO

El tiroteo en el *O.K. Corral* no fue el final de las peleas. Virgil fue emboscado y herido el 28 de diciembre de 1881, pero sobrevivió. Wyatt quería que Virgil se marchara del pueblo. En la estación de trenes, hombres con rifles esperaban a Virgil. Se produjo otro tiroteo. Algunos de los hombres con rifles resultaron muertos y la gente culpó a los hermanos Earp.

Wyatt Earp owned part of the Oriental Saloon, pictured here.

Wyatt Earp era socio del bar *Oriental Saloon* que aparece en la fotografía.

Wyatt spent the rest of his life in the West. He lived mostly in California. In the early 1900s, he met many Hollywood actors. He hoped that someday they would make a movie about the O.K. Corral. Wyatt died in Los Angeles, California, on January 13, 1929. Many years after his death, three movies were made about Wyatt.

Wyatt pasó el resto de su vida en el Oeste. Vivió la mayor parte del tiempo en California. A principios de la década de 1900, conoció a muchos actores de Hollywood. Tenía la esperanza de que algún día hicieran una película sobre el *O.K. Corral*. Wyatt murió en Los Angeles, California, el 13 de enero de 1929. Muchos años después de su muerte se hicieron tres películas sobre su vida.

Wyatt at the age of 75.

Wyatt a la edad de 75 años.

Courtesy of Stephen and Marge Elliot, Tombstone Western
Heritage Museum.

TIMELINE

1848—Wyatt Earp is born.

1871—Rilla dies. Wyatt goes to live in Indian Territory.

1879—Wyatt Earp is deputy sheriff in Tombstone, Arizona.

1929—Wyatt Earp dies in Los Angeles, California.

1870—Wyatt Earp marries Rilla Sutherland. He is elected constable of Lamar, Missouri.

1876—Wyatt Earp is deputy marshal in Dodge City, Kansas.

1881—The shootout takes place at the O.K. Corral. Virgil Earp is shot; his arm is crippled.

CRONOLOGÍA

1848—Nace Wyatt Earp.

1871—Rilla muere. Wyatt se va a vivir al territorio indio.

1879—Wyatt Earp es nombrado sheriff adjunto de Tombstone, Arizona.

1929—Wyatt Earp muere en Los Angeles, California.

1870—Wyatt Earp se casa con Rilla Sutherland. Es elegido alguacil de Lamar, Misuri.

1876—Wyatt Earp ocupa el cargo de alguacil adjunto en Dodge City, Kansas.

1881—Se produce el tiroteo en el *O.K. Corral.* Virgil Earp es herido en el brazo y queda lisiado.

GLOSSARY

ambushed (AM-bushd) Attacked by surprise from a hiding place.

corral (kuh-RAL) A fenced area that holds horses, cattle, or other animals.

deputy marshal (DEP-yoo-tee MAR-shul) A law officer who helps another law officer, a second in command.

legend (LEH-jend) A story that has been passed down.

Oregon Trail (OR-eh-gon TRAYL) A path that many settlers took to California.

rustlers (RUHSS-uh-luhrs) People who steal horses or cattle.

WEB SITES

Due to the changing nature of Internet links, the Rosen Publishing Group, Inc., has developed an online list of Web sites related to the subject of this book. This site is updated regularly. Please use this link to access the list:

http://www.rosenlinks.com/fpah/wear

GLOSARIO

alguacil adjunto (el) Funcionario de la justicia que ayuda a otro funcionario, segundo al mando.

corral (el) Área cercada donde se mantienen caballos, ganado u otros animales.

cuatreros (-as) Gente que roba caballos o ganado.

emboscada (la) Ataque por sorpresa desde un sitio oculto.

leyenda (la) Historia que se transmite de generación en generación.

Ruta de Oregón (la) Camino que tomaron muchos colonos para llegar a California.

SITIOS WEB

Debido a las constantes modificaciones en los sitios de Internet, Rosen Publishing Group, Inc., ha desarrollado un listado de sitios Web relacionados con el tema de este libro. Este sitio se actualiza con regularidad. Por favor, usa este enlace para acceder a la lista:

http://www.rosenlinks.com/fpah/wear

INDEX

ABOUT THE AUTHOR

Magdalena Alagna is an author and editor living in New York City.

ÍNDICE

ACERCA DEL AUTOR

Magdalena Alagna es escritora y editora. Vive en la ciudad de Nueva York.